Gerald Drews

Goldene Hochzeit

1962 2012

Pattloch

Fünf gemeinsame Jahrzehnte

Kaum zu glauben, dass der Bund unserer Ehe, den wir 1962 geschlossen haben, nun schon 50 Jahre währt!

Zeit, einmal Rückschau zu halten und unsere Erinnerungen an vergangene Zeiten aufzufrischen: Was hat uns in fünf Jahrzehnten gemeinsamen Weges berührt? Wir wollen uns daran erinnern, welches Glück und welche Freude wir empfanden, als wir 1962 den Schritt vor Standesamt und Traualtar wagten.

Der Start hätte kaum besser sein können. Es herrschten wieder friedliche Zeiten. Der Wohlstand schien für jeden greifbar, der nur bereit war, dafür zu arbeiten. Der Frieden und – im Verhältnis zu vielen Ländern unserer Erde – auch der Wohlstand währt unsere gesamte Ehezeit. Wer von unseren Vorfahren konnte das schon von sich sagen? Einmal abgesehen davon, ist allein die Tatsache, die goldene Hochzeit zu erreichen, ein besonderes Glück, das wir von ganzem Herzen genießen. Wir haben es aber auch verdient, denn wir sind nicht nur durch schöne Stunden gegangen, sondern haben auch jede Krise gemeinsam gemeistert. Kehren wir also zurück in unser Hochzeitsjahr, in dem alles begann.

> **Wie glücklich ein Brautpaar an seinem Ehrentage ist, weiß es erst 50 Jahre später.**
> Carl Ludwig Schleich

▼ Im Traumauto, einem BMW V8, starten wir unseren gemeinsamen Lebensweg.

▲ Noch blicken wir ein bisschen schüchtern, aber sehr schick, in die Kamera des Fotografen.

Wir sehen einer
goldenen Zukunft entgegen

„Das einzige Gold, das ich je im Leben angestrebt habe, ist das Gold in meiner ‚goldenen Hochzeit'. Silber und Platin habe ich schon …", sagt Willy Meurer, ein deutsch-kanadischer Kaufmann, Aphoristiker und Publizist. Er hat recht, denn während jeder selbst für seine persönliche Liebe verantwortlich bleibt, stehen die Chancen für ein stabiles wirtschaftliches Fundament der Familie sehr gut. Wir befinden uns noch immer in der sogenannten Wirtschaftswunderzeit. Deshalb trauen sich in diesem Jahr außer uns weitere 530 639 Paare, eine Familie zu gründen.

Traditionell oder modern?

Natürlich soll unser Hochzeitstag perfekt sein. Hierfür haben wir eine Menge zu bedenken. Wo wollen wir feiern? Im Elternhaus oder lieber in einem Gasthof, der ein eigenes Zimmer für Gesellschaften bietet? Auf jeden Fall wollen wir tanzen. Also muss ein geeigneter Tanzboden her.

Vor allem die Braut hat eine Menge zu bedenken. Nur in einem Punkt ist die Entscheidung klar: Wenn wir kirchlich heiraten, wird ihr Kleid weiß sein. Eine Tradition, die gerade einmal ein Jahrhundert alt ist, denn bis dahin war das weiße Brautkleid dem Adel und reichen Bürgertum vorbehalten. Wenn man es sich nicht leisten kann, ein Kleid für nur einen Tag zu

Auch ein Brautkleid geht mit der Mode

kaufen, vererbt man es innerhalb der Familie weiter oder färbt das schöne weiße Kleid anschließend ein, ändert ein paar Details, um es als wunderschöne Abendgarderobe für den besonderen Anlass zu tragen.

Doch auch wenn 1962 eine Hochzeit in Jeans oder buntem Kleid die absolute Ausnahme ist: Auch ein Brautkleid macht Modetrends mit. So kann die Braut wählen, ob sie mit Schleier oder Hut oder mit ausladendem Petticoat heiratet, der sich aus den 1950ern bis jetzt gehalten hat. Übrigens: Genau in unserem Hochzeitsjahr tritt der Mini auf den Plan. Doch in so einem Hauch von Kleid zu heiraten traut sich wohl kaum eine von uns.

Wie einfach haben es da die künftigen Ehemänner. Anzug mit Krawatte, auf dem Land durchaus auch Trachtenanzug, oder ganz klassisch eleganter Smoking mit Fliege – und schon hat sich die Auswahl für den Bräutigam erschöpft.

◄ Eine schöne Alternative: Daimler statt Kutsche!

◀ Auch unter dem Brautkleid wollen wir gut aussehen: Auslage eines Miederwarengeschäfts 1962

▶ Eine so üppige Hochzeitstorte wie hier bei der Hochzeit von Debbie Reynolds und Eddie Fisher, kann sich nicht jeder leisten.

Bräuche, Bräuche, Bräuche ...

Beinahe ebenso schwer wie die Wahl der richtigen Hochzeitskleidung ist die Auswahl der Bräuche für unseren schönsten Tag. Kann es sich der Bräutigam leisten, bei einer Brautentführung seine Zukünftige in dem nächsten Gasthaus des Ortes auszulösen, mitsamt der Zeche ihrer Entführer? Sollen wir den Brautstrauß schon nach der Zeremonie vor dem Standesamt oder erst nach der kirchlichen Trauung werfen? Oder behalten wir ihn lieber als Andenken und trocknen ihn sorgfältig? Ein Brauch wird wohl bei kaum einer Hochzeit fehlen: Das lautstarke Zerschlagen von Porzellan, um böse Geister von dem jungen Ehepaar zu verscheuchen. Das Brautpaar muss anschließend gemeinsam die Scherben zusammenkehren. Ob das mit der späteren gemeinsamen Hausarbeit auch so klappt?

Wir wollen tanzen

Ganz sicher haben wir wie jedes verliebte Paar unser eigenes Lied. Ist es die Melodie, die unseren ersten Kuss begleitet hat? Oder der Schlager, zu dem wir das erste Mal als offizielles Paar das Tanzbein geschwungen haben? Ein Lied zum Träumen oder eher eins, das die Älteren nur kopfschüttelnd über sich ergehen lassen? Von alldem gibt es genug in unserem Hochzeitsjahr. Wie wäre es mit „Junge, komm bald wieder", Freddy Quinns Hit des Jahres, zum Festmahl? Mit Conny Froboess' „Zwei kleinen Italienern" zum entspannten Miteinander der Generationen? Mit „Speedy Gonzales", dem Ohrwurm von Pat Boone, vertreiben wir dann die Müdigkeit aus unseren Beinen. Und mit „The Twist" von Chubby Checker, der auf dem Parkett für neue Tanzbewegungen sorgt, kommen wir so richtig ins Schwitzen. Für Beruhigung sorgt dann der unumstrittene King Elvis Presley, dessen schmusiges „Can't Help Falling in Love" nur einer seiner vier Nummer-1-Hits des Jahres 1962 ist! Und wenn uns dann am späten Abend endgültig zärtliche Gefühle überkommen, hören wir Nana Mouskouris „Ich schau den weißen Wolken nach", eine Schnulze, die 1962 lange in der deutschen Hitparade steht. Und dann wären da noch vier Jungs aus Liverpool namens John Lennon, Paul McCartney, George Harrison und Ringo Starr, die im September unseres Hochzeitsjahres ihre erste Single „Love Me Do" veröffentlichen. Noch kurze Zeit zuvor sind die Beatles, denn um genau die handelt es sich, von einer großen Plattenfirma mit der Begründung abgelehnt worden, dass Gitarrengruppen nicht mehr modern seien! Diese Firma hat sich dann an den Rolling Stones schadlos gehalten.

Es ist schon verrückt mit der Musik unserer Zeit. Sie ist so vielfältig wie wir selbst. Wir schwofen nach den herkömmlichen Schlagerrhythmen unserer Eltern. Und zugleich twisten und tanzen wir Rock 'n' Roll nach der aufregenden neuen Musik, die uns aus den USA und Großbritannien erreicht.

▶ Im ganzen Land kann jeder „Pack die Badehose ein" mitsingen. Ein Lied, das die „Berliner Göre" bereits 1951 mit nur acht Jahren trällerte. Seitdem ist Cornelia Froboess (hier neben Heidi Brühl) aus der deutschen Schlager- und Kinowelt nicht mehr wegzudenken.

▲▶ Unsere Idole: die Beatles und Elvis Presley

▼ Etwas für Gelenkige: der Twist

Auf in die Flitterwochen
Die Geburt des Pauschaltourismus

Trotz bereits verlockender Angebote in den Reisebüros überlegen junge Paare wie wir zweimal, ob sie ihr schwer verdientes Geld in einen Urlaub stecken sollten. Solange unsere Bedürfnisse nach Kleidung, Möbeln und anderen Haushaltsgütern nicht erfüllt sind, kommen für die meisten von uns größere Ausgaben für eine Urlaubsreise nicht in Betracht. Nur circa 30 Prozent der Deutschen fahren 1962 überhaupt in die Ferien, und wenn, dann bleiben sie meist innerhalb der eigenen Grenzen oder reisen hinüber nach Österreich.

Nur einen Bruchteil zieht es zur italienischen Adria oder gar nach Spanien. Das wird sich aber bald ändern, denn so langsam setzt das Zeitalter des Pauschaltourismus ein. Mit ein Grund: In dem Jahr, in dem wir heiraten, steigt der gesetzliche Mindestanspruch auf 15 Urlaubstage. Manche haben Glück, denn bestimmte Tarifverträge sehen bereits 19 Arbeitstage für Ferien vor. Die Beamten dürfen sich jetzt sogar bereits 26 Tage von ihrer Arbeit erholen. Da kann man dann schon einmal ordentlich Flitterwochen planen …

Die Ehe funktioniert am besten, wenn beide Partner ein bisschen unverheiratet bleiben.
Claudia Cardinale

◄ Schöne Aussichten: unsere Flitterwochen

▼ Mit dem Kleinbus in den Urlaub:
Wer kann, macht Camping.

▶ Er kommt langsam, aber gewaltig: In unserem Hochzeitsjahr gilt es noch als mutig, Bikini zu tragen. Doch ab Mitte der 60er Jahre lässt sich der aufregende Zweiteiler an deutschen und internationalen Stränden nicht mehr aufhalten.

Das Wetter schlägt Kapriolen

Das Wetter in unserem Hochzeitsjahr sorgt für jede Menge Gesprächsstoff. Hochdramatisch ist die bis heute in Erinnerung gebliebene norddeutsche Flutkatastrophe in der Nacht vom 16. auf den 17. Februar. Diese verheerendste Sturmflut seit 1855 fordert allein in Hamburg mehr als 300 Menschenleben und zerstört dort mehr als 6 000 Gebäude. Die Osterfeiertage Ende April lassen das Thermometer auf bis zu 28 °C steigen, was die Menschen ins Freie treibt. Enttäuschend dagegen der Sommer: Er zeigt sich kühl und regnerisch. Zum Ende des Jahres regiert „Väterchen Frost": Die klirrende, mehr als zwei Wochen anhaltende Kälte schneidet fast alle Nordseeinseln und Halligen von der Außenwelt ab.

Jede Generation hat ihre Möbel

Wie unser Musikgeschmack haben sich auch unsere Lieblingsmöbel gewandelt. Wer es sich leisten kann und nicht im elterlichen Haus oder Bauernhof ein eigenes Zimmer bezieht, richtet sein eigenes Nest neu ein. Die anderen übernehmen erst einmal die gebrauchten Möbel. Doch Jahr für Jahr werden einzelne Stücke ersetzt. 24-Stunden-Lieferservice vom Versandhaus? Das ist noch nicht unser Stil. Wir laufen gemeinsam durch die Möbelhäuser und suchen aus, was wir gerne haben oder hätten, denn Möbel gehören in unserer Vorstellung noch zu den Anschaffungen, die man „fürs Leben" macht.

Noch glauben wir an die Anschaffung fürs Leben

Unsere Favoriten zeichnen sich durch Einfachheit und Funktionalität aus. Sie sind abgerundet und weisen kaum mehr Ecken oder Kanten auf. Plastik ist keine Qualitätsabwertung, sondern ein neues Material, das gemischt mit Holz und Stoff völlig neue Designs ermöglicht. Die Bandbreite reicht von dunkler Eichen- zu grüner Schrankfront im Wohnzimmer und vom Bommel-verzierten beigen Lampenschirm bis hin zur orangeroten Stehlampe im Schlafzimmer. Und so findet sich in unserer Wohnung, was unsere Kinder später als kitschig ansehen und unsere Enkel heute als Retromöbel teuer bezahlen. Noch weit bis in die 70er Jahre geht der Trend zur Farbe in der Wohnungseinrichtung.

Erst einmal steht uns aber nur wenig Raum zur Verfügung. Noch immer

◄ Dieses Wohnzimmer ist eher im Stil unserer Eltern eingerichtet.

▲ In unserer Zeit ist möglichst alles rund. Selbst die Wände. Wie hier in dieser Szene aus dem Film „Die Botschafterin" von 1960 mit Nadja Tiller und Hansjörg Felmy

◀ Derart gewagte Möbel leisten sich nur wenige.

muss mit der Beseitigung der Kriegsfolgen gekämpft werden. Doch so langsam greift der soziale Wohnungsbau. So werden bereits in den 1950er Jahren rund vier Millionen neuer Mietwohnungen erstellt, die für uns junge Menschen bezahlbar sind. Gleichzeitig fördert der Staat Eigentumsbildung durch Wohnungsbauprämien und Steuerermäßigungen. Obwohl viele von uns von einer eigenen Wohnung vorläufig nur träumen können, schließen wir jetzt einen ordentlichen Bausparvertrag ab. Für spätere Zeiten. Schließlich wollen wir unsere Zweisamkeit demnächst zugunsten des eigenen Nachwuchses aufgeben. Und der kostet Geld. Daran hat sich bis heute nichts geändert!

Wer hat das Sagen?

„Wir können nicht doppelt so viel verdienen, wie wir an Werten schaffen", sagt 1962 unser Wirtschaftsminister Ludwig Erhard in seinem berühmten Maßhalteappell. Dabei wächst und gedeiht unsere Wirtschaft. Sollte unsere kleine Familie dies nicht auch tun? Zu jener Zeit bekommt eine Frau mit durchschnittlich 23 Jahren ihr erstes Kind, ist also durchaus eine junge Mutti. Und auch die Gleichberechtigung schreitet voran, wenn auch langsam. Schwarz auf weiß gebietet das ein Gesetz von 1958.

Doch so weit wie heute sind wir noch lange nicht. Väter im Erziehungsurlaub? Halbtagsangebote für Männer? Undenkbar in unserem Hochzeitsjahr. Erst ein Jahr nach unserer Ehe-

schließung tritt die Gehorsamspflicht für Frauen außer Kraft, und erst ab 1977 dürfen die Frauen ohne Zustimmung des Ehemannes einen Beruf ausüben!

Dennoch erfährt gerade in den 60ern der Arbeitsmarkt einen Frauenzuwachs wie nie zuvor. Bis ca. zum Jahr 2000 soll diese Dekade die einzige Zeit bleiben, in denen die Arbeitslosigkeit der

Auch wenn Gott etwas verbindet, macht es ordentlich Arbeit, es zusammenzuhalten.
Pavel Kosrin

▲ Er gilt als Vater der sozialen Marktwirtschaft und des Wirtschaftswunders: der langjährige Wirtschaftsminister und spätere Kanzler Ludwig Erhard.

▶ Eine Näherin bei der Herstellung von Steiff-Kuscheltieren

▲ Früh übt sich, was eine gute Sekretärin werden will.

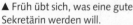

Frauen geringer ist als die der Männer. Und natürlich ist die Arbeitslosenquote in Deutschland auf einem aus heutiger Sicht traumhaften Niedrigstand von gerade mal 0,7 Prozent.

Deshalb werben wir sogenannte Gastarbeiter an, die am weiteren Erfolg der deutschen Wirtschaft mitarbeiten sollen, ursprünglich nur für eine begrenzte Zeit. Die gern gesehenen Helfer kommen in großer Zahl, zuerst aus Italien, dann auch aus der Türkei und anderen Ländern. Viele von ihnen bleiben und gründen hier Familien, so dass wir heute, im Jahr unserer goldenen Hochzeit, an die 16 Millionen Deutsche haben, die, wie es so schön heißt, einen Migrationshintergrund besitzen.

Doch zurück in unser Hochzeitsjahr. Die Frauen arbeiten als Sekretärinnen, Verkäuferinnen und Schneiderinnen, nur wenige sind Akademikerinnen. Wir alle sind vor oder während des Krieges geboren. Da standen vor allem für das weibliche Geschlecht andere Dinge im Vordergrund, als das Abitur zu machen und zu studieren. Was die Frauen damals schon ungerecht empfinden: In Berufen, in denen sie das Gleiche tun wie ihre männlichen Kollegen, verdienen sie weniger. Doch sie nehmen es hin. Schließlich wollen sie zusammen mit ihren Partnern etwas schaffen, wollen ihren zukünftigen Kindern nicht nur ein friedliches Leben garantieren, sondern auch eines in Wohlstand.

Die Hochzeiten des Jahres 1962
Nicht nur wir trauen uns

Wir sind jung. Und egal, wie modern wir denken: Der Bund fürs Leben und die Gründung einer eigenen kleinen Familie sind für die meisten von uns durchaus erstrebenswert. Die bedeutendste Hochzeit des Jahres 1962 ist deshalb – selbstverständlich – unsere eigene! Egal, ob ganz in Weiß, in kurz oder lang. Es ist unser Tag, und wir begehen ihn mit unseren Freunden und im Kreise unserer Familie.

▲ Weltweit wird in diesem Jahr mehrfach ganz groß Hochzeit gefeiert. Am 14. Mai 1962 treten Prinz Juan Carlos von Spanien und die griechische Prinzessin Sofia in Athen vor den Traualtar. Die älteste Tochter des griechischen Königs Paul I. ist in doppelter Hinsicht mit Deutschland verbunden. Sie ist sowohl mütterlicherseits als auch väterlicherseits mit dem letzten deutschen Kaiser Wilhelm II. verwandt (Urenkelin und Großnichte). Da wundert es nicht, dass sie deshalb auch in Deutschland zur Schule ging, und zwar im Eliteinternat Salem am Bodensee. Die begeisterte Seglerin trifft ihren Prinzen Juan Carlos anlässlich einer Ägäis-Kreuzfahrt.

▼ Wir haben das Versprechen „bis dass der Tod euch scheidet" sehr ernst genommen. Dass wir noch nach 50 Jahren Freude und Leid miteinander teilen, ist dafür der beste Beweis. Dies gelingt jedoch beileibe nicht jedem Paar. Axel Springer beispielsweise, Zeitungsverleger und Gründer der Axel Springer AG, heiratet in diesem Jahr bereits das vierte Mal. Helga Alsen heißt die Auserwählte. Sie soll nicht seine letzte Ehefrau bleiben. Dies wird 1978 Friede Riewerts (Foto) …

◄ In unserem Hochzeitsjahr, am 9. Oktober, geben sich auch Edith Piaf und der zwanzig Jahre jüngere Théo Sarapo das Jawort und sorgen damit für einen kleinen Skandal, denn die berühmte Sängerin ist längst todkrank. Es ist die zweite Ehe der genialen Künstlerin, die nur ein Jahr später wirklich der Tod scheidet, als sie gerade einmal 48-jährig stirbt.

► Auch eine andere Ehe sorgt für Aufsehen: Hildegard Knef heiratet am 30. Juni den britischen Schauspieler David Cameron. Sechs Jahre später kommt Töchterchen Christina, genannt Tinta, auf die Welt. 1976 lässt sich das Paar scheiden. Nach ihrem Tod klagt ihr Ex-Mann: „Hilde konnte nicht einmal ein Ei kochen."

◄ Unter keinem guten Stern steht auch die Ehe des berühmten Pop-Duos Ike und Tina Turner. Der exzentrische Musiker steht bald im Schatten seiner charismatischen Frau, die mit bürgerlichem Namen Anna Mae Bullock heißt. 1976 lässt sie sich scheiden – ihre Karriere startet jetzt allerdings erst richtig durch.

Ein Baby? Aber gern!

Eltern werden ist nicht schwer ...

Der Staat bietet uns genügend Anreize: Kindergeld gibt es inzwischen bereits für das zweite Kind, dazu satte Kinderfreibeträge für unsere Steuererklärungen. Doch es geht uns nicht nur allein ums Geld: Ist die Antibabypille, die seit einem Jahr auf dem deutschen Markt ist und nur verheirateten Frauen zur Verfügung steht, gefährlich?

Und so trauen sich viele von uns, Nachwuchs in die Welt zu setzen. Nicht gleich in unserem Hochzeitsjahr, aber zumindest gedanklich bereiten wir uns auf Babylachen vor. So kommt es zu den geburtenstarken Jahrgängen.

Zwischen 1961 und 1967 werden jedes Jahr in Deutschland über eine Million Babys geboren. Im Jahr unserer Eheschließung sind es exakt 1 018 552.

Die Lieblingsnamen, die wir für unseren Nachwuchs aussuchen, sind bei den Mädchen Susanne, Sabine, Kerstin, Andrea, Gabi und Petra. Bei den Jungen stehen Thomas, Andreas, Michael, Stefan, Peter, Klaus und Frank an der Spitze der Namensliste.

▼ Millionenfach bewährt: die Babyboomer-Generation

Babys sind der lebendige Beweis dafür, dass man das Beste nur bringt zu zweit.
Paul Mommertz

20

Stars und Sternchen

Unsere Idole zum Träumen

Stars sind zum Träumen da. Wir kopieren ihren Modestil und reden über den neuesten Klatsch in der Frühstückspause. Doch der Glamour unserer angebeteten Idole würde sich nur schlecht mit unserem Alltag vertragen, denn da stehen Geborgenheit, Sicherheit und Vertrauen mehr im Vordergrund als Oscars und Popularität. Im realen Leben wollen wir doch lieber unseren frischgebackenen Ehepartner an unserer Seite wissen, selbst wenn der nicht jeden Tag in der Zeitung steht.

Zwischen Conny, Callas und Karl May

Idole gibt es für jede Altersgruppe und für jedes Interesse. In der schon 1956 gegründeten Teeny-Zeitung BRAVO beginnt in unserem Hochzeitsjahr die steile Karriere von Pierre Brice als „Winnetou". Welches Frauenherz schlägt nicht höher, wenn er über die Leinwand reitet? Bis 1968 spielt er den Häuptling in insgesamt elf Karl-May-Filmen. Freunde der anspruchsvollen Musik schwärmen vielleicht lieber für die glamouröse Jahrhundertsängerin Maria Callas, die im März unseres Hochzeitsjahres in Hamburg ein wundervolles Arienkonzert gibt. Und natürlich verfolgen wir alle Neuigkeiten der deutschsprachigen Schlager- und Filmstars. Cornelia Froboess, Peter Alexander, Peter Kraus oder Rex Gildo stehen in der Beliebtheitsskala ganz oben. Die politisch Interessierten blicken auf Che Guevara, der Fidel Castro hilft, ein ganz neues Kuba aufzubauen. Und beide begeistern wir uns für die zierliche und charmante Audrey Hepburn. Sie kreiert mit Ballerinaschuhen, hautengen Hosen oder schwingenden Glockenröcken ein neues, selbstbewusstes Frauenbild.

▼ Audrey Hepburn im typischen 60er-Jahre-Look

Filme für die ganze Familie
Auf der Kinoleinwand erleben wir Kontraste

„Es lebe der neue deutsche Film!" So rufen junge deutsche Filmemacher im Oktober 1962 auf den Oberhausener Kurzfilmtagen. Papas Kino mitsamt seinen röhrenden Hirschen im Silberwald und einer märchenhaften Romy Schneider als „Sissi" soll endlich vorbei sein. Stattdessen werden Aufklärung, Experiment und Bildungsauftrag gefordert. Zu denen, die cineastisch zu neuen Ufern aufbrechen, zählen im Laufe der folgenden Jahre Regisseure wie Rainer Werner Fassbinder, „Lindenstraßen"-Macher Hans W. Geißendörfer oder Volker Schlöndorff.

Aber noch läuft auch rollenweise das Kontrastprogramm in unseren Kinos: „Die Försterchristel" mit Peter Weck und Georg Thomalla, „Kohlhiesels Töchter" mit Liselotte Pulver und Dietmar Schönherr, „Er kann's nicht lassen" mit Heinz Rühmann als „Pater Brown" – sie alle rühren unser Herz und strapazieren unsere Lachmuskeln.

In „Der längste Tag", einem der letzten großen Schwarz-Weiß-Kinofilme, geht es um die Landung der Westalliierten 1944 in der Normandie, den sog. D-Day. Curt Jürgens und Gerd Fröbe spielen neben John Wayne, Richard Burton und Robert Mitchum. Der Österreicher Bernhard Wicki („Die Brücke") ist einer der drei Regisseure. Der Film wird 1962 mit zwei Oscars ausgezeichnet und für drei weitere nominiert.

Abenteuerfilme wie „Heißer Hafen Hongkong" mit Marianne Koch und Horst Frank nehmen uns mit in die weite exotische Welt, und in „Die Tür mit den sieben Schlössern" lässt uns Edgar-Wallace das Blut in den Adern gefrieren. Bei „James Bond – 007 jagt Dr. No" hält es

◄ Liselotte Pulver spielt eine Doppelrolle in „Kohlhiesels Töchter".

► „La-Le-Lu, nur der Mann im Mond schaut zu" – der unvergessene Heinz Rühmann schenkt uns viele wunderbare Kino- und Fernseherlebnisse.

uns nicht mehr auf den Kinositzen. Es ist übrigens der erste James-Bond-Film, aber noch lange nicht der letzte. Vielmehr ist dies die erfolgreichste Filmserie aller Zeiten: Im November 2012 soll der 23. 007-Film herauskommen. Auch eine Art Goldjubiläum ...

Ein italienisch-französischer Film trägt übrigens unser Hochzeitsjahr in seinem Titel. „Liebe 1962" mit Monica Vitti und Frauenschwarm Alain Delon erzählt die Geschichte um die Verlorenheit und Beziehungsunfähigkeit eines modernen römischen Mädchens.

Jung und schön

Wir erobern die Welt!

Wenn der Mensch satt und gesund ist, strebt er nach Bildung, Unterhaltung und Abwechslung. Und weil es uns gut geht, schenken auch wir der Mode immer mehr Beachtung. Und sei es, indem wir interessiert in einer der jetzt immer häufiger erscheinenden Modezeitschriften blättern. In der klassischen Modehauptstadt Paris macht ein gewisser Yves Saint Laurent von sich reden, indem er durchsichtige Stoffe verwendet und Hosenanzüge für die Frau kreiert. Er ist auch einer der Ersten, der für die normalen Käuferschichten bezahlbare Kollektionen schafft. YSL wird zu einem namhaften Konkurrenten für das Modehaus Dior, für das er bis 1961 selbst tätig war.
Die Industrie hilft dem bunten Angebot der Modewelt, indem

> **An neue Stoffe müssen wir uns erst gewöhnen**

sie immer neue künstliche Materialien erfindet. Ab den 60ern kommt die Damenmode weltweit nicht mehr ohne Feinstrumpfhose aus. Und das ist bis heute so geblieben! Auch wenn wir uns 1962 an solche Stoffe wie zum Beispiel Jersey, ein Garn aus Viskose oder Viskosemischungen mit Wolle oder Baumwolle, erst gewöhnen müssen.

▶ Manche Sachen ändern sich niemals. Eine junge Frau informiert sich beim Frisör über den neuesten Klatsch. Anspruchsvolle Literaten unserer Zeit wie Heinrich Böll, Bertolt Brecht oder Günter Grass wird sie hier allerdings nicht finden.

▼ Bunt und bauchfrei – so frech wird unsere Mode!

▶ Die Wintermode darf ruhig ein bisschen farbig sein: grüner Mantel und rosa Kopfbedeckung – warum nicht?

◀ Nicht alle zeigen so viel Bein wie die Schauspielerin Inger Stevens.

Kurz, kürzer, Mini

So gewagt kurz wie die schwedisch-amerikanische Schauspielerin Inger Stevens auf unserem Foto trauen sich die meisten von der holden Weiblichkeit längst noch nicht in die Öffentlichkeit. Anfang der 60er Jahre erfindet Mary Quant in London den „Mini". Bei dieser Mode rutschen die Rocksäume international immer höher über das Knie, was die Älteren teils kopfschüttelnd, teils interessiert, teils schmunzelnd zur Kenntnis nehmen. Noch vor zehn Jahren, in den prüden 50ern, wäre ein solches Kleid selbst bei exzentrischen Schauspielerinnen noch völlig unmöglich gewesen.

Braten gibt es nur am Sonntag
Obst? Wenn es sein muss ...

Die Entscheidung, was wir bei unserer Hochzeitsfeier den Gästen auftischen, mögen wir ja noch gemeinsam treffen. Es gibt auf jeden Fall mindestens einen guten Braten, zwei oder drei Gemüsesorten, und auch die traditionelle Hochzeitssuppe wird bei kaum einem Paar fehlen. Ebenso sind zur Kaffeezeit der Frankfurter Kranz und besonders in Bayern der Guglhupf ein Muss.

Doch der alltägliche Einkauf und die Entscheidung, was Montag bis Sonntag auf den Tisch kommt, das ist ausschließlich Hausfrauensache. Unsere Supermärkte und Tante-Emma-Läden haben alles, was wir für schmackhafte Gerichte benötigen. Und die sind meistens ziemlich fettreich, denn Wurst und Käse haben auf dem Speiseplan einen hohen Stellenwert. Gemüse ist Beilage im Sinne des Wortes und darf zur Not auch einmal aus der Dose sein.

Und Obst? Es ist längst keine Selbstverständlichkeit, es den Kindern mit zum Schulbrot einzupacken. Allerdings: Schokolade und Plätzchen gibt es nur zu Weihnachten und Ostern. Topf- oder Blechkuchen und Süßspeisen wie Pudding findet man schon eher. Und Kalorienbomben wie Torten an Festtagen sind nicht wie heute mit Sahne, sondern mit Creme gefüllt.

Wochentags essen wir Eintöpfe, Kartoffeln mit Quark und Leinöl, Königsberger Klopse und Rührei mit Spinat. Braten, meist Schweinebraten, gibt es nur am Sonntag. Regional wird die Speisekarte ergänzt durch Fisch an den Küsten und Wildgerichte in waldreichen Gegenden.

◀ Immer öfter kommt unser Essen aus der Konservendose.

◄ Keine schlechte Idee: Für eine Mark gibt es in Hannover fünf Eier aus dem Automaten.

Ohne die Küche meiner Frau wäre ich nicht so alt geworden.
Winston Churchill

▲ Unser Traum: Abendessen im trauten Kreis der Familie

Überhaupt zeigt sich auch beim Essen die Widersprüchlichkeit der 60er Jahre. Einerseits wird Bodenständiges bevorzugt, und vor allem abseits der Großstädte kochen die Hausfrauen gern ein und verwerten Gemüse und Obst aus eigenem Anbau. Andererseits zwingt uns die steigende Zahl der berufstätigen Paare, das Alltagsleben auch in der Küche zu vereinfachen: Tütensuppen, Tiefkühlkost und Ravioli mit Tomatensoße aus der Dose halten ebenso Einzug wie eine Reihe von neuen Haushaltsgeräten, die der Hausfrau die Arbeit erleichtern sollen.

Fasziniert von einem gewissen Dr. Oetker, „backen" wir „Kalten Hund", auch „Kalter Igel" oder „Kellerkuchen" genannt, im Kühlschrank. Und, weil wir jung und neugierig sind, versuchen wir uns natürlich auch an verschiedenen exotischen Gerichten, die mit Sicherheit von dem legendären Toast Hawaii angeführt werden.

Gemeinsam auf Mörderjagd

Viele haben noch keinen Fernsehapparat, aber die Anzahl der „Flimmerkisten" steigt rapide. In der ersten Hälfte der 60er Jahre verdoppelt sie sich von 3,5 auf 7 Millionen. Trotzdem reichen diese Zahlen noch lange nicht an die circa 16 Millionen deutschen Rundfunkgeräte heran.

Für unsere junge Ehe bedeutet ein Fernseher eine große Ausgabe, und so gruseln wir uns meist bei Freunden vor Klaus Kinski in „Der Zinker" und „Das Gasthaus an der Themse", lachen über Eddi Arent und fiebern mit Joachim Fuchsberger als Inspektor. Überhaupt ist Fernsehen für die Glücklichen unter uns, die bereits einen besitzen, in erster Linie ein Gemeinschaftserlebnis. Vom heutigen Medienkonsumverhalten sind

wir noch weit entfernt. Trotzdem erreichen uns schon die ersten Serien aus den USA, die wir später neudeutsch „Soaps" nennen werden. Der Name rührt daher, da sie in den USA von der Werbung, also auch von Seifenfirmen, gesponsert werden.

„Bonanza" startet im deutschen Fernsehen, ebenso wie „Mr. Ed", das sprechende Pferd, und „Meine drei Söhne". Die deutschen Produktionen wollen dem nicht nachstehen und bringen die neunteilige Familienserie „Alle meine Tiere" mit Gustav Knuth und dem damals erst 18-jährigen Volker Lechtenbrink.

Kaum etwas aber kann den Straßenfeger in seiner Popularität übertreffen, der im Januar unseres Hochzeitsjahres im WDR beginnt: „Das Halstuch" von Francis Durbridge. 89 Prozent der Fernsehzuschauer sehen den Sechsteiler. In den Fabriken fallen Nachtschichten aus, damit die Mitarbeiter dem spannenden Krimi folgen können. Umso größer ist die Empörung, als der Kabarettist Wolfgang Neuss zwei Tage vor Ausstrahlung der sechsten und letzten Folge in einer Zeitungsannonce den Namen des Mörders verrät.

◄ Wer kennt sie nicht? Die Familie Cartwright aus „Bonanza" und ihre Ponderosa-Ranch. Erstausstrahlung im deutschen Fernsehen ist am 13. Oktober 1962.

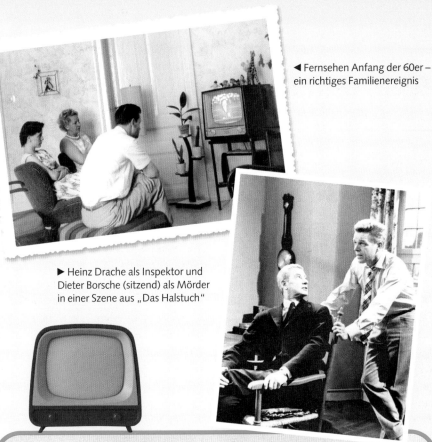

◀ Fernsehen Anfang der 60er –
ein richtiges Familienereignis

▶ Heinz Drache als Inspektor und
Dieter Borsche (sitzend) als Mörder
in einer Szene aus „Das Halstuch"

Lektüre zum Nachdenken

Noch längst wird unsere Freizeit nicht in solchem Maß von den Medien beansprucht wie heute. Deswegen bleibt uns durchaus auch Muße zum Lesen. 1962 erscheint so manch ein Buch, mit dem wir uns gern in ein stilles Eckchen zurückziehen, um es zu genießen. Da wäre der neue Bestseller von Johannes Mario Simmel „Bis zur bitteren Neige", der die Geschichte eines gescheiterten Kinderstars aus Hollywood zeigt. Der bekannte Kinderbuchautor James Krüss hat mit „Timm Thaler oder Das verkaufte Lachen" ein Buch über die Erkenntnis geschrieben, dass Geld nicht glücklich macht. 1979 schauen wir uns die 13-teilige Fernsehverfilmung dieses Kinderbuchs im ZDF zusammen mit unserem Nachwuchs an. Wie total Unterdrückung sein kann, beschreibt der Amerikaner Ken Kesey in seinem verrückten Roman „Einer flog über das Kuckucksnest", dessen Verfilmung mit Jack Nicholson in der Hauptrolle 1975 weltberühmt wird.

Wir werden mobil!

Technik für jeden Geldbeutel

In einem Punkt machen wir der Millionengrenze beim Babyboom der 60er Konkurrenz: Bei der Zahl der Pkw-Neuzulassungen! Auch hier übersteigen inzwischen die jährlichen Zahlen die Millionengrenze. 1962 beträgt der Bestand an Pkws in Deutschland über sechs Millionen, inzwischen also deutlich mehr als die knapp 1,5 Millionen Krafträder, die auf unseren Straßen herumknattern.

Wir wollen mobil sein, und so ist auch Sportlichkeit in der Automobilbranche

Käfer oder Kadett – Traum unserer ersten Ehejahre!

angesagt. Voller Ehrfurcht sehen besonders die Herren der Schöpfung auf die absoluten Highlights des deutschen Autojahres 1962: Coupé und Cabriolet der im Jahr zuvor erschienenen Limousine des Mercedes-Benz Typ 300 SE. Die Wagen besitzen fast alle technischen Neuerungen, welche die Branche zu bieten hat. Schade nur, dass sich die meisten von uns diese Luxusautos nicht leisten können.

Aber auch für den schmalen Geldbeutel gibt es ihn: den Traumwagen! Die Adam Opel AG hebt erneut den Opel Kadett A aus der Wiege. Den Namen Kadett gab es bereits vor dem Zweiten Weltkrieg, und mit dieser bis heute produzierten Pkw-Baureihe Kadett/Astra lässt Opel ihn 1962 wieder aufleben. Die kalkulierten Verkaufszahlen müssen gut sein, denn der Opel Kadett wird in einem eigens für ihn neu errichteten

◀ Ein kesses Nachwuchsmodell auf dem Heck eines Opel Rekord

Werk in Bochum gefertigt. 5075 DM müssen wir für ihn hinblättern. Nach unserer heutigen Kaufkraft wäre das ungefähr das Doppelte in Euro. Damit tritt er auch preislich in Konkurrenz zum VW-Käfer, der in unseren ersten Ehejahren noch immer das Straßenbild beherrscht. Nur bietet der neue Opel seinen Insassen mehr Platz und besitzt einen größeren Kofferraum.

Heute kaum zu glauben, dass damals Autofahren ohne Gurt, Kindersitz, Airbag und ABS ganz normal ist.

Ebenso große Fortschritte gibt es in den 60ern bei den Haushaltsgeräten. Firmen wie Siemens, Rowenta, Bauknecht, AEG, Vorwerk oder Constructa bieten der modernen Frau alle möglichen nützlichen Helfer an. Der Beruf des Staubsaugervertreters ist damals ziemlich in Mode. Und auch Mixer, Universalküchenmaschinen und Kaffeeautomaten sind in den deutschen Küchen im Vormarsch. Mit dem Kon-

sum wächst auch die Reklame. Schließlich wollen die vielen Güter an den Mann und an die Frau gebracht werden. Wer kennt nicht mehr berühmte Slogans wie „Ein Ford hält Wort" oder „AEG – Aus Erfahrung gut"?

▲ Sie kommt in den 1960er Jahren plötzlich aus der Mode: die Straßenbahn. In Zeiten des stetig wachsenden motorisierten Individualverkehrs wird sie als Verkehrshindernis betrachtet. Städte wie Hamburg oder Westberlin stellen den Betrieb schließlich sogar ganz ein.

▼ Ein Traum von einem Auto:
  Mercedes 300 SE Cabriolet

Tanzen oder Tischtennis
Gemeinsam macht Freizeit Spaß

Was machen wir heute Abend? Das Fernsehprogramm ist zwar interessant, aber noch meilenweit entfernt vom heutigen Rund-um-die-Uhr-Angebot in Dutzenden von Kanälen. Doch es gibt zum Glück genug Alternativen, etwa die traute Zweisamkeit der hinteren Kinoreihen. Beim sportlichen Rock'n'Roll toben wir uns im Tanzlokal aus, das mit den späteren Discos noch nicht viel gemein hat. Wir treffen uns mit Freunden zum Kegeln oder machen es uns in größerer Runde zu Hause mit Snacks und Bowle gemütlich. Und wenn man die Sessel etwas beiseiteschiebt und die Stehlampe in Sicherheit bringt, kann man auch im kleinsten Wohnzimmer tanzen.

▶ Gern genommenes Sommergetränk: die Kalte Ente. Zitronenschalen werden spiralförmig in ein eisgekühltes Gemisch aus Wein und Sekt gehängt und nach Wunsch mit Vanille und Zitronenmelisse ergänzt. Ursprünglich hieß diese Mischung übrigens „Kaltes Ende". Es wurde angeblich bereits Ende des 18. Jahrhunderts als Alternative zum heißen Mokka nach dem Essen gereicht.

Bei sommerlichen Temperaturen machen wir es einem gewissen Erich Arndt nach. Der kommt 1962 als erster Deutscher bei der Tischtennis-Europameisterschaft ins Endspiel. Das trägt dazu bei, dass Ping-Pong, wie wir das Spiel nennen, ziemlich populär wird.

▲ Tischtennis wird zum beliebten Freizeitsport.

▶ Alles im Blick:
Sepp Herberger mit Kamera

Es kommt Bewegung ins Spiel

„Der Ball ist rund, und ein Spiel dauert neunzig Minuten." Diesen Satz hat neben vielen anderen Bonmots Fußballbundestrainer Sepp Herberger geprägt. Auch in unserem Hochzeitsjahr steht der Fußball im Mittelpunkt. Schließlich ist Weltmeisterschaft in Chile. Die gilt allerdings im Nachhinein als eine der langweiligsten aller Zeiten. Und auch für die deutsche Mannschaft ist bereits im Viertelfinale gegen Jugoslawien Schluss. Weltmeister wird Brasilien, obwohl sein Superstar Pelè bei den meisten Spielen verletzungsbedingt fehlt.

Zu Hause wird der 1. FC Köln deutscher Fußballmeister mit einem 4:1-Sieg über den 1. FC Nürnberg. Der tröstet sich über die Niederlage mit dem Gewinn des DFB-Pokals hinweg.

Bei der Tour de France siegt der Franzose Jacques Anquetil, der Deutsche Rudi Altig holt sich das grüne Trikot, die Auszeichnung für den besten Sprinter. Der australische Tennisspieler Rod Laver gewinnt in diesem Jahr alle vier Grand-Slam-Turniere in einer Saison. Er ist erst der zweite Spieler, dem dies gelingt. 1969 kann er dieses Kunststück noch ein zweites Mal wiederholen, was bis heute unübertroffen bleibt.

Was 1962 die Menschen bewegt

◄ Sexsymbol und Filmikone Marilyn Monroe wird im Alter von nur 36 Jahren tot in ihrem Bett aufgefunden. Bis heute ranken sich verschiedene Verschwörungstheorien um den Tod des Stars, der angeblich mit dem US-amerikanischen Präsidenten John F. Kennedy eine Affäre gehabt haben soll.

▼ Groß sind die landesweite Anteilnahme und Hilfe für die Betroffenen der großen Flutkatastrophe an der deutschen Nordseeküste mit insgesamt 340 Toten. Als ausgezeichneter Krisenmanager erweist sich der Hamburger Innensenator und spätere Kanzler Helmut Schmidt. Seine unkonventionellen und mutigen Entscheidungen werden allgemein gelobt.

▲ Viele Geheimnisse ranken sich um Vera Brühne, der vorgeworfen wird, gemeinsam mit ihrem Bekannten Johann Ferbach einen Doppelmord an dem Münchner Arzt Otto Braun und dessen Haushälterin verübt zu haben. Selten findet ein Kriminalfall so viel Aufmerksamkeit in der Presse wie dieser. Zeitlebens bestreitet Vera Brühne ihre Schuld, die Indizienlage ist schwach. Dennoch wird sie zu lebenslanger Haft verurteilt und kommt erst 17 Jahre später frei. Bis heute gibt es Zweifel an der Schuld der im Jahr 2001 verstorbenen Frau.

◄ Ende Oktober kann die Welt, die wochenlang den Atem angehalten hat, endlich aufatmen. Luftaufnahmen über Kuba haben Abschussrampen für sowjetische Mittel- und Langstreckenraketen gezeigt. Ein dritter Weltkrieg scheint möglich. Doch nach tagelangen Bemühungen siegt die Diplomatie. Der russische Staatschef Nikita Chruschtschow lenkt ein und lässt die Raketen entfernen. Im Gegenzug verzichten die USA auf die Invasion in Kuba und ziehen Raketen aus der Türkei und Italien ab.

▶ Das mehr als 400 Jahre dauernde Zeitalter des Kolonialismus geht nun endgültig zu Ende. Immer mehr Staaten lösen sich aus ihren kolonialen Bindungen und werden selbständig. In unserem Hochzeitsjahr werden Jamaika, Algerien, Trinidad/Tobago, Uganda, Ruanda und Burundi unabhängige Staaten.

◄ „Bedingt abwehrbereit" heißt ein Artikel im „Spiegel", in dem es unter anderem um eine kritische Auseinandersetzung mit dem Verteidigungskonzept unter dem Bundesverteidigungsminister Franz Josef Strauß geht. Haftbefehle wegen Landesverrat und Durchsuchungsanordnungen gegen den Chefredakteur Rudolf Augstein und weitere Journalisten sind die Folge. Das Vorgehen gegen den „Spiegel" empört die Öffentlichkeit. Letztlich muss Bundeskanzler Konrad Adenauer sein Kabinett auflösen und die Regierung unter Verzicht auf Franz Josef Strauß als Verteidigungsminister neu bilden – übrigens zum fünften und letzten Mal in seiner Amtszeit.

50 Jahre im Zeitraffer
Ein halbes Jahrhundert voller Freud und Leid

Ein halbes Jahrhundert sind wir nun unseren Eheweg gemeinsam miteinander gegangen. Dabei haben wir uns genauso verändert wie die Welt um uns herum. Wir haben viel Freude erlebt und bestimmt auch so manche Schwierigkeiten gemeistert. Einige Weltereignisse haben sich mit unserem persönliches Leben untrennbar verknüpft, weil wir besondere Erinnerungen daran haben. Andere Dinge haben wir längst vergessen und staunen, wenn wir sie nun gemeinsam auf den folgenden Seiten Revue passieren lassen.

Unser Hochzeitsfoto

▲ **1962** Wir heiraten!

1964 Nelson Mandela wird zu lebenslanger Haft verurteilt. Sidney Poitier erhält als erster farbiger Schauspieler einen Oscar.

1966 In der Volksrepublik China beginnt die Kulturrevolution. Ein Weißwal namens „Moby Dick" hält die Anwohner des Rheins wochenlang in Atem.

1968 Dieses Jahr prägt den Namen einer ganzen Generation: die „68er". In vielen Ländern toben Studenten-Unruhen. In der CSSR endet der „Prager Frühling" mit der Zerschlagung einer angestrebten Liberalisierung des Landes.

1970 Der Wa schauer Vert zwischen de Bundesrepu und Polen w unterzeichne Erinnerung b der berühmt „Kniefall vor Warschau" Willy Brandt

1962   1963   1964   1965   1966   1967   1968   1969

▶ **1963** Zwei berühmte Sätze gehen in die Weltgeschichte ein: „Ich bin ein Berliner" sagt US-Präsident John F. Kennedy vor dem Schöneberger Rathaus. „I have a Dream" bekennt Martin Luther King.

1965 Winston Churchill stirbt. Für die USA beginnt der Vietnamkrieg.

▼ **1967** In Kapstadt führt Dr. Christiaan Barnard die erste Herztransplantation durch. Der Zeichentrickfilm „Das Dschungelbuch" startet seinen weltweiten Siegeszug durch die Kinos.

1969 Die erste bemannte Mondlan durch Apollo 11 fa niert die ganze W Willy Brandt wird Bundeskanzler.

◄ Kaum etwas hat unsere Generation so stark begleitet wie die Teilung Deutschlands. Seit dem Mauerbau nur ein Jahr vor unserer Eheschließung haben wir manches Mal gezittert, wenn der Kalte Krieg besonders bedrohlich wurde. Wir haben mitgetrauert über die getöteten Mauerflüchtlinge, haben Hoffnung geschöpft, als Willy Brandts neue Ostpolitik Entspannung versprach. Wir haben uns gefreut über die Erleichterungen im Reiseverkehr zwischen Ost und West und schließlich mitgefeiert, als 1989 endlich die Mauer zwischen den beiden deutschen Staaten niedergerissen wurde – friedlich und ohne Blutvergießen!

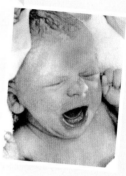

▼ **1976** „Biene Maja" kommt ins deutsche Fernsehen. Die Firma „Apple" wird gegründet.

▲ **1978** In London wird das erste Retortenbaby geboren. Eine polnische Tupolew wird auf dem Weg von Danzig nach Ostberlin von zwei DDR-Bürgern entführt und auf dem Westberliner Flughafen Tempelhof zur Landung gezwungen.

72 Die Olympischen Sommerspiele finden in Deutschland statt. Doch sie erfahren e tragische Wendung: ästinensische Terroristen nmen israelische Sportler Geiseln. Bei dem Befreigsversuch sterben Menschen.

1974 Zwei Affären, zwei Rücktritte. In den USA zwingt die Watergate-Affäre Präsident Richard Nixon und in der Bundesrepublik die Spionage-Affäre um Günter Guillaume Willy Brandt aus dem Amt. Deutschland wird Fußballweltmeister.

| 1972 | 1973 | 1974 | 1975 | 1976 | 1977 | 1978 |

71 „Greenace" und rzte ohne enzen" rden gerndet.

▼ **1973** Die US-Truppen ziehen aus Vietnam ab. Mit einem ersten Sonntagsfahrverbot trägt die Bundesrepublik der Ölkrise Rechnung.

1975 Die Entführung des CDU-Landesvorsitzenden Peter Lorenz durch die Mitglieder der „Bewegung 2. Juni" endet mit der Freilassung des Entführten. Fünf Terroristen kommen ebenfalls frei.

▶ **1977** Die Rote Armee Fraktion (RAF) entführt den Arbeitgeberpräsidenten Hanns Martin Schleyer und ermordet ihn nach der erfolgreichen Befreiung eines entführten Flugzeugs in Mogadischu durch die GSG 9.

▲ **1987** Mathias Rust landet mit einer Cessna auf dem Roten Platz in Moskau.

▲ **1979** Der Schah verlässt den Iran, der unter Ayatollah Khomeini wieder zu einer Islamischen Republik wird.

1981 Der ägyptische Präsident Anwar al-Sadat wird ermordet. IBM stellt den ersten Personal Computer (PC) vor.

1983 Erstmals ziehen die Grünen in den deutschen Bundestag ein. Die kultige Uhrenmarke „Swatch" wird eingeführt.

1985 Michail Gorbatschow läutet in der Sowjetunion eine neue Ära von Perestroika und Glasnost ein.

| 1979 | 1980 | 1981 | 1982 | 1983 | 1984 | 1985 | 1986 |

▼ **1980** Indira Gandhi wird Premierministerin Indiens. Bei Gorleben (Niedersachsen) errichten etwa 5000 Atomkraftgegner das Dorf „Republik Freies Wendland" als Basis für den Widerstand gegen die Atompolitik.

1984 Das Privatfernsehen in der Bundesrepublik startet. Der „Chaos Computer Club" deckt Schwachstellen in den Systemen der Deutschen Bundespost auf.

Wir feier
Silberho

▲ **1982** Die Ära Helmut Kohl beginnt und soll die längste Kanzlerzeit eines deutschen Politikers werden. Prinz Charles heiratet unter riesigem Öffentlichkeitsinteresse Lady Diana Spencer.

▼ **1986** Der Rhein wird durch Löschwasser eines Großbrandes im Bas ler Chemiekonzern Sandoz verseucht. Das Musical „Das Phantom der Oper wird in London uraufgeführt.

▲ **1989** Mit dem Fall der Berliner Mauer am 9. November ist die Zeit des Kalten Krieges endgültig beendet. In Berlin findet die erste Love Parade statt.

1991 Helmut Kohl wird erster gesamtdeutscher Bundeskanzler. Der Bundestag beschließt den Umzug von Bonn nach Berlin.

1993 Bill Clinton ist neuer US-Präsident.

▲ **1995** Christo und Jeanne-Claude verhüllen in Berlin den Reichstag.

88   1989   1990   1991   1992   1993   1994   1995

988 Steffi Graf schafft das isher Einzigartige: den Golen Grand-Slam. Sie geinnt alle vier Grand-Slamurniere und Olympia-Gold.

▼ **1990** Der Zerfall der Sowjetunion beginnt. Der Zwei-plus-Vier-Vertrag ebnet den Weg zur deutschen Wiedervereinigung am 3. Oktober. Deutschland wird zum dritten Mal Fußballweltmeister.

1992 Hans-Dietrich Genscher tritt nach 18 Jahren als Bundesaußenminister zurück. In München wird der Franz-Josef-Strauß-Flughafen in Betrieb genommen. Der deutsch-französische Sender ARTE nimmt seinen Betrieb auf.

1994 Als Dagobert macht der Kaufhauserpresser Arno Funke die deutsche Polizei zum Gespött der Presse. In Südafrika endet mit einer neuen Verfassung offiziell die Ära der Apartheid.

2002 Anlässlich des Elbe-hochwassers, das als Jahr-hunderthochwasser in die Geschichte eingeht, zeigt sich der Zusammenhalt der Menschen vor Ort und die Hilfsbereitschaft der ganzen Nation.

▲ **1996** Russland wird Mitglied im Europarat. In Deutschland dürfen die Geschäfte jetzt bis 20 Uhr öffnen. Michael Schumacher wechselt zu Ferrari.

2004 Horst Köhler wird Bundespräside Mark Zuckerberg st tet sein Unternehm „Facebook". Die W nimmt Anteil an de schrecklichen Folge des Tsunami in Süd asien, der über 200 000 Menschen leben fordert.

1998 Gerhard Schröder wird Bundeskanzler.

▲ **2000** „Schwarzgeldaffäre" wird zum Wort des Jahres ge-wählt. In Hannover eröffnet die Weltausstellung „EXPO 2000".

1996 1997 1998 1999 2000 2001 2002 2003

▼ **1997** Tony Blair wird briti-scher Premierminister. Bei einem Autounfall kommt Prin-zessin Diana ums Leben. Der erste Harry-Potter-Band „Harry Potter und der Stein der Weisen" erscheint.

1999 Johannes Rau wird als Nachfolger Roman Herzogs zum Bundespräsidenten gewählt.

▼ **2001** Von Terroristen entführte Flugzeuge brin-gen am 11. September die Türme des World Trade Centers zum Einsturz und setzen das Pentagon in Flammen.

2003 Der dritte (krieg beginnt. Ira Diktator Saddam Hussein wird ent machtet.

Das Jubelpaar

▲ **2008** Barack Obama wird der erste farbige Präsident der USA. Das Finanzinstitut Lehman Brothers meldet Insolvenz an, dies ist der Beginn einer weltweiten Finanzkrise.

▲ **2010** Die Aschewolken des isländischen Vulkans Eyjafjyllajökull bringen beinahe den gesamten Flugverkehr zum Stillstand. Bei einem „Wunder von Chile" können alle 33 verschütteten Bergleute nach über zwei Monaten lebend geborgen werden.

▲ **2012** Wir feiern goldene Hochzeit!

2006 Als „Sommermärchen" bejubeln die Menschen die Fußball-WM in Deutschland.

| 05 | 2006 | 2007 | 2008 | 2009 | 2010 | 2011 | 2012 |

2005 Der deutsche rdinal Ratzinger wird Benedikt XVI. Nachger des verstorbenen pstes Johannes Paul II. t Angela Merkel wird tmals eine Frau ins nt des deutschen ndeskanzlers gewählt.

2007 Der G8-Gipfel in Heiligendamm erregt die Gemüter. Nicolas Sarkozy wird französischer Staatspräsident.

2009 Die Schweinegrippe versetzt die Menschen in Angst, allerdings gelingt es bald, die Ausbreitung der Pandemie erfolgreich einzudämmen.

2011 In zahlreichen arabischen Staaten kommt es zu Revolutionen. Japan wird von einem Erdbeben, einem Tsunami und einer Reaktorkatastrophe heimgesucht.

Fünfzig tolle Ehejahre
Aufregende Erinnerungen!

Ein halbes Jahrhundert! Kaum zu glauben, dass wir schon so lange miteinander verheiratet sind. Mit diesem Büchlein sind viele Erinnerungen an damals wach geworden. Und auch die fünf Jahrzehnte, in denen wir unseren gemeinsamen Weg gegangen sind, liegen wieder vor uns, als wäre all das erst gestern gewesen. Diese beiden letzten Seiten sind für ein paar persönliche Zeilen und Erinnerungsfotos des goldenen Jubelpaares vorgesehen. Hier ist Platz für Andenken an ein halbes Jahrhundert, in dem wir unendlich viel miteinander erlebt haben.

Bildnachweis:
Umschlagfoto: Gettyimages/Archive Photos/Lambert
Fotos aus dem Innenteil: Privat Röleke S. 5; Privat Zimmer S. 6; Privat Kristen S. 7, 8; Privat Hamann S. 20, 31 o.; Privatarchiv Lehmacher S. 9 u. li., 12, 13 o. re., 14, 17 o. re., 22, 30, 33 o. re.; picture alliance (im Folgenden „pa"/ZB S. 9 o., 39 u. li., pa/Globe-ZUMA S. 9 u., 21, 25 u. li., pa/dpa S. 11 o., u. li., 13 o. li., 15 u., 18 li., 19 Mi., 25 re., 26, 27 li., 29 (2), 33 o. li., 34 Mi., u., 35 Mi., 37 o. (2), 37 u. li., 38 o. re., Mi. u., u. li., 39 o. re., 40 li. (2), 41 o. li., pa/KPA Copyright S. 11 o. li., pa/Photoshot S. 11 u. re., pa/AFP S. 13 u. re., pa/ S. 15 o., 23 (2), 25 o. li, 36 re., 39 o. li., pa/Klaus Rose S. 16, 37 u. re., pa/IMAGNO/Austrian Archives (S) S. 17 li., pa/Ulrich Michel S. 17 re., pa/Sven Simon S. 18 re., 35 u., 38 Mi. o., pa/United Archives/TopFoto S. 19 o., pa/Photoshot S. 19 u., pa/akg-images/Gardi S. 24, pa/Helga Lade Fotoagentur GmbH, Ger S. 27 re., 31 u., 32, pa/Mary Evans Picture Library S. 28, pa/Augenklick/Pressefoto Baumann S. 33 u., pa/UPI S. 34 o., pa/akg-images S. 35 o., 38 o. li., pa/Everett Collection S. 36 li., pa/KPA Archivalcollection S. 37 Mi., pa/The Advertising Archives S. 38 u. re., pa/Berliner_Zeitung S. 39 u. re., pa/allOver S. 40 o. re., pa/landov S. 40 u. re., pa/abaca S. 41 Mi. o., pa/dpa/dpaweb S. 41 u.; Pattloch Verlag S. 29 u. li.

© 2011 Pattloch Verlag GmbH & Co. KG, München

Gesamtgestaltung: Atelier Lehmacher
Illustration: Michael Paetow
Mitarbeit: Cordula Hamann
Lektorat: Michaela Schachner, Pattloch Verlag, Franz Leipold
Druck und Bindung: Offizin Andersen Nexö/Leipzig GmbH, Zwenkau
Printed in Germany

05 04 03 02 01

ISBN 978-3-629-10685-8

www.pattloch.de

In dieser Reihe sind erschienen:

ISBN:
978-3-629-10792-3

ISBN:
978-3-629-10791-6

ISBN:
978-3-629-10790-9

ISBN:
978-3-629-10789-3

ISBN:
978-3-629-10680-3

ISBN:
978-3-629-10679-7

ISBN:
978-3-629-10678-0

ISBN:
978-3-629-10677-3

ISBN:
978-3-629-10733-6

ISBN:
978-3-629-10684-1

ISBN:
978-3-629-10683-4

ISBN:
978-3-629-10682-7

ISBN:
978-3-629-10681-0

ISBN:
978-3-629-10686-5

ISBN:
978-3-629-10685-8

Auch für die Jahrgänge 1939 / 1949 / 1959 / 1969, 1940 / 1950 / 1960 / 1970, 1931 / 1941 / 1951 / 1961 / 1971 lieferbar!